Plantekraft

Smagfulde Veje til Det Grønne Køkken

Signe Jensen

Copyright 2023

Alle rettigheder forbeholdes

Alle rettigheder forbeholdes. Ingen del af denne bog må reproduceres eller kopieres i nogen form eller på nogen måde, elektronisk eller mekanisk, herunder fotokopiering, optagelse eller ved hjælp af noget informationslagrings- og genfindingssystem, uden skriftlig tilladelse fra udgiveren, undtagen medtagelsen af korte citater i en anmeldelse.

Advarsel-Ansvarsfraskrivelse

Oplysningerne i denne bog er beregnet til at være så nøjagtige som muligt. Forfatteren og udgiveren påtager sig intet ansvar over for nogen med hensyn til tab eller skade forårsaget eller påstået at være forårsaget, direkte eller indirekte af informationen i denne bog.

Indholdsfortegnelse

Introduktion 12

gulerods energikugler 15

Sprøde søde kartoffelstykker 17

Ristede glaserede babygulerødder 19

Bagte grønkålschips 21

Cashew ost dip 23

Peber Hummus Dip 25

Traditionel libanesisk Mutabal 28

Indisk stil stegte kikærter 30

Avocado med tahinisauce 32

Sweet Potato Tater Tots 34

Brændt peber og tomatdip 36

Klassisk festmix 38

Hvidløg og olivenolie crostini 40

Klassiske veganske frikadeller 41

Balsamico ristede pastinakker 43

Traditionel Baba Ganoush 46

Peanut Butter Bites 48

stegt blomkålsdip 49

simple squashruller 51

Chipotle Chips 53

Cannellini bønnesauce 55

Krydret stegt blomkål 57

Simpel libanesisk Toum 60

Avocado med krydret ingefærdressing 62

Kikærte Snack Mix 64

Muhammara sauce med et twist 66

Spinat, kikærter og hvidløgscrostini 68

Svampe "Kødboller" og Cannellini bønner 71

Agurkerunder med hummus 73

Fyldte Jalapeno-bid 74

Mexicanske løgringe 76

Ristede rodfrugter 78

Hummus dip i indisk stil 80

Bagt bønne og gulerodsdip 82

Hurtig og nem zucchini sushi 84

Cherrytomater med hummus 86

Ovnstegte svampe 88

Osteagtige grønkålschips 91

Avocadobåde med hummus 93

Nacho fyldte svampe 95

Salat wraps med hummus og avocado 97

Ristede rosenkål 99

Poblano sød kartoffel poppers 101

Bagte Zucchini Chips 103

autentisk libanesisk sauce 105

Veganske havrefrikadeller 107

Paprikabåde med mangosauce 109

Krydrede rosmarin broccolibuketter 111

Sprødstegte roechips 113

Hjemmelavet chokolade med kokos og rosiner 116

Simpel Mokka Fudge 118

Mandel og chokoladechips 120

mandelsmør cookies 122

Jordnøddesmør havrebarer 124

Halvah Vanilje Fudge 126

Rå chokolade og mango kage 128

Lækker chokoladecreme 130

rå hindbær cheesecake 132

Mini citrontærter 134

Fluffy kokosblondiner med rosiner 137

simple chokoladefirkanter 139

Chokolade Rosin Cookie Bars 141

Mandel granola barer 143

luftige kokossmåkager 145

Rå nødde- og bærtærte 147

drømmende chokoladekugler 149

sidste minut makroner 151

gammeldags ratafias 153

Jasmin risengrød med tørrede abrikoser 155

daglige energibarer 157

rå kokos-is 160

Chokolade og hasselnøddefudge 162

Blåbær havregryn firkanter 164

Klassisk brødbudding med sultanas 166

Dekadent Hasselnød Halvah 168

Mini orange cheesecakes 170

Bærkompot med rødvin 172

Tyrkiske Irmik Helvasi 174

traditionel græsk koufeto 176

Krydret frugtsalat med citrondressing 178

Æblecrumble i tysk stil 181

Vanilje- og kanelbudding 183

chokolade mynte kage 185

gammeldags kager 187

kokosfløde kage 189

Simpel chokolade karamel 191

Mors hindbærskovler 194

Skarp efterårspære 196

berømte høstak-kiks 198

dobbelt chokolade brownies 200

Sprøde havregrynsvalnøddegodbidder 202

Mors hindbær cheesecake 204

Chokoladeglaserede kiks 206

karamel brød budding 208

De bedste granolabarer nogensinde 211

Gammeldags Fudge Penuche 213

(Klar på ca. 10 minutter + afkølingstid | 12 portioner) 214

klassiske fattige riddere 216

Stegt brød med jordnøddesmør og gelé 218

Introduktion

Indtil for nylig begyndte flere og flere mennesker at omfavne den plantebaserede kost livsstil. Det kan diskuteres, hvad der har tiltrukket titusinder af mennesker til denne livsstil. Der er dog voksende beviser for, at det at følge en primært plantebaseret livsstil fører til bedre vægtkontrol og et generelt helbred, fri for mange kroniske sygdomme. Hvad er de sundhedsmæssige fordele ved en plantebaseret kost? Det viser sig, at det at spise plantebaseret er en af de sundeste diæter i verden. Sund vegansk kost indeholder masser af friske råvarer, fuldkorn, bælgfrugter og sunde fedtstoffer såsom frø og nødder. De er rige på antioxidanter, mineraler, vitaminer og kostfibre. Aktuel videnskabelig forskning peger på, at et højere forbrug af plantebaserede fødevarer er forbundet med en lavere risiko for dødelighed af sygdomme som hjerte-kar-sygdomme, type 2-diabetes, hypertension og fedme. Veganske madplaner er ofte baseret på sunde basisvarer og undgår animalske produkter fyldt med antibiotika, tilsætningsstoffer og hormoner. Desuden kan indtagelse af en højere andel af essentielle aminosyrer med animalske proteiner være skadeligt for menneskers sundhed. I betragtning af at animalske produkter indeholder meget mere fedt end plantebaserede fødevarer, er det ingen overraskelse, at undersøgelser har vist, at kødspisere har en fedmerate ni gange højere end veganere. Dette bringer os til det næste punkt, en af de største fordele ved en vegansk kost: vægttab. Mens mange vælger at leve et vegansk liv af etiske årsager, kan diæten i sig selv hjælpe dig med at nå dine vægttabsmål. Hvis du kæmper for at tabe dig, kan du overveje at prøve en plantebaseret kost. Hvordan præcist? Som veganer vil du skære ned på fødevarer med højt kalorieindhold såsom fuldfede mejeriprodukter, fed fisk, svinekød og andre kolesterolholdige fødevarer såsom æg. Prøv at erstatte disse fødevarer med muligheder rige på fibre og protein, som vil holde dig mæt længere. Nøglen er at fokusere på næringstætte, rene, naturlige fødevarer og undgå tomme kalorier som sukker, mættet fedt og højt forarbejdede fødevarer. Her er nogle tricks, der hjælper mig med at holde min vægt på en vegansk kost i årevis. Jeg har grøntsager som hovedret; spise gode fedtstoffer med måde - et godt fedt som olivenolie er ikke fedende -; Jeg træner regelmæssigt og laver mad derhjemme. Nyd det!

gulerods energikugler

(Klar på ca. 10 minutter + afkølingstid | 8 servere)

Per portion: Kalorier: 495; Fedt: 21,1 g; Kulhydrater: 58,4g; Protein: 22,1g

ingredienser

1 stor gulerod, revet

1½ kop gammeldags havre

1 kop rosiner

1 kop dadler, synd

1 kop kokosflager

1/4 tsk stødt nelliker

1/2 tsk stødt kanel

Adresser

I foodprocessoren pulser du alle ingredienserne, indtil de er glatte og klistrede.

Form lige store kugler med dejen.

Sæt i køleskabet indtil servering. God appetit!

Sprøde søde kartoffelstykker

(Klar på ca. 25 minutter + afkølingstid | 4 portioner)

Per portion: Kalorier: 215; Fedt: 4,5 g; Kulhydrater: 35g; Protein: 8,7 g

ingredienser

4 søde kartofler, skrællet og revet

2 chiaæg

1/4 kop ernæringsgær

2 spsk tahini

2 spsk kikærtemel

1 tsk skalotteløg pulver

1 tsk hvidløgspulver

1 tsk paprika

Havsalt og kværnet sort peber efter smag

Adresser

Start med at forvarme ovnen til 395 grader F. Beklæd en bageplade med bagepapir eller en Silpat måtte.

Bland alle ingredienserne godt sammen, indtil det hele er godt indarbejdet.

Tril dejen til glatte kugler og sæt dem på køl i cirka 1 time.

Bag disse kugler i cirka 25 minutter, og vend dem halvvejs gennem tilberedningstiden. God appetit!

Ristede glaserede babygulerødder

(Klar på ca. 30 minutter | 6 portioner)

Per portion: Kalorier: 165; Fedt: 10,1 g; Kulhydrater: 16,5 g; Protein: 1,4 g

ingredienser

2 pund babygulerødder

1/4 kop olivenolie

1/4 kop æblecidereddike

1/2 tsk rød peberflager

Havsalt og friskkværnet sort peber efter smag

1 spsk agavesirup

2 spsk sojasovs

1 spsk frisk koriander, hakket

Adresser

Start med at forvarme ovnen til 395 grader F.

Bland derefter gulerødderne med olivenolie, eddike, rød peber, salt, sort peber, agavesirup og sojasovs.

Grill gulerødderne i cirka 30 minutter, vend panden en eller to gange. Pynt med frisk koriander og server. God appetit!

Bagte grønkålschips

(Klar på cirka 20 minutter | 8 servere)

Per portion: Kalorier: 65; Fedt: 3,9 g; Kulhydrater: 5,3 g; Protein: 2,4g

ingredienser

2 bundter grønkål, blade adskilt

2 spsk olivenolie

1/2 tsk sennepsfrø

1/2 tsk selleri frø

1/2 tsk tørret oregano

1/4 tsk stødt spidskommen

1 tsk hvidløgspulver

Groft havsalt og kværnet sort peber efter smag

Adresser

Begynd med at forvarme ovnen til 340 grader F. Beklæd en bageplade med bagepapir eller Sea Silpat.

Kast grønkålsblade med de resterende ingredienser, indtil de er godt dækket.

Bag i en forvarmet ovn i cirka 13 minutter, vend panden en eller to gange. God appetit!

Cashew ost dip

(Klar på cirka 10 minutter | 8 servere)

Per portion: Kalorier: 115; Fedt: 8,6 g; Kulhydrater: 6,6 g; Protein: 4,4 g

ingredienser

1 kop rå cashewnødder

1 friskpresset citron

2 spsk tahini

2 spiseskefulde ernæringsgær

1/2 tsk gurkemejepulver

1/2 tsk knuste røde peberflager

Havsalt og kværnet sort peber efter smag

Adresser

Kom alle ingredienserne i foodprocessorens skål. Blend indtil glat, cremet og glat. Du kan tilføje et skvæt vand for at fortynde det efter behov.

Hæld saucen i en serveringsskål; server med grøntsagsstænger, chips eller kiks.

God appetit!

Peber Hummus Dip

(Klar på ca. 10 minutter | Serverer 10)

Per portion: Kalorier: 155; Fedt: 7,9 g; Kulhydrater: 17,4g; Protein: 5,9 g

ingredienser

20 gram dåse eller kogte kikærter, drænet

1/4 kop tahin

2 fed hvidløg, finthakket

2 spsk friskpresset citronsaft

1/2 kop flydende kikærter

2 ristede røde peberfrugter, udsået og skåret i skiver

1/2 tsk paprika

1 tsk tørret basilikum

Havsalt og kværnet sort peber efter smag

2 spsk olivenolie

Adresser

Bland alle ingredienserne undtagen olie i blenderen eller foodprocessoren, indtil den ønskede konsistens er nået.

Sæt i køleskabet indtil servering.

Server med ristede pitabletter eller chips, hvis det ønskes. God appetit!

Traditionel libanesisk Mutabal

(Klar på cirka 10 minutter | 6 servere)

Per portion: Kalorier: 115; Fedt: 7,8 g; Kulhydrater: 9,8 g; Protein: 2,9 g

ingredienser

1 pund aubergine

1 hakket løg

1 spsk hvidløgspasta

4 spsk tahini

1 spsk kokosolie

2 spsk citronsaft

1/2 tsk stødt koriander

1/4 kop malet nelliker

1 tsk rød peberflager

1 tsk røget paprika

Havsalt og kværnet sort peber efter smag

Adresser

Grill aubergine indtil skindet bliver sort; Skræl auberginen og læg den i skålen på din foodprocessor.

Tilsæt de resterende ingredienser. Bland indtil alt er godt indarbejdet.

Server med crostini eller pitabrød, hvis det ønskes. God appetit!

Indisk stil stegte kikærter

(Klar på cirka 10 minutter | 8 servere)

Per portion: Kalorier: 223; Fedt: 6,4 g; Kulhydrater: 32,2g; Protein: 10,4 g

ingredienser

2 kopper dåse kikærter, drænet

2 spsk olivenolie

1/2 tsk hvidløgspulver

1/2 tsk paprika

1 tsk karrypulver

1 tsk garam masala

Havsalt og rød peber efter smag

Adresser

Tør kikærterne med køkkenrulle. Dryp kikærterne med olivenolie.

Rist kikærterne i en forvarmet ovn ved 400 grader F i cirka 25 minutter under omrøring en eller to gange.

Vend kikærterne med krydderierne og nyd!

Avocado med tahinisauce

(Klar på ca. 10 minutter | 4 portioner)

Per portion: Kalorier: 304; Fedt: 25,7 g; Kulhydrater: 17,6 g; Protein: 6g

ingredienser

  2 store avocadoer, udstenede og halveret

  4 spsk tahini

  4 spsk sojasovs

  1 spsk citronsaft

  1/2 tsk rød peberflager

  Havsalt og kværnet sort peber efter smag

  1 tsk hvidløgspulver

Adresser

Anret avocadohalvdelene på et serveringsfad.

Bland tahin, sojasovs, citronsaft, rød peber, salt, sort peber og hvidløgspulver i en lille skål. Fordel saucen mellem avocadohalvdelene.

God appetit!

Sweet Potato Tater Tots

(Klar på ca. 25 minutter + afkølingstid | 4 portioner)

Per portion: Kalorier: 232; Fedt: 7,1 g; Kulhydrater: 37g; Protein: 8,4 g

ingredienser

1 ½ pund søde kartofler, strimlet

2 chiaæg

1/2 kop almindeligt mel

1/2 kop brødkrummer

3 spsk hummus

Havsalt og sort peber efter smag.

1 spsk olivenolie

1/2 kop sovssauce

Adresser

Start med at forvarme ovnen til 395 grader F. Beklæd en bageplade med bagepapir eller en Silpat måtte.

Bland alle ingredienserne, undtagen saucen, indtil alt er godt indarbejdet.

Tril dejen til glatte kugler og sæt dem på køl i cirka 1 time.

Bag disse kugler i cirka 25 minutter, og vend dem halvvejs gennem tilberedningstiden. God appetit!

Brændt peber og tomatdip

(Klar på ca. 35 minutter | 10 portioner)

Per portion: Kalorier: 90; Fedt: 5,7 g; Kulhydrater: 8,5 g; Protein: 1,9 g

ingredienser

4 røde peberfrugter

4 tomater

4 spsk olivenolie

1 rødløg, hakket

4 fed hvidløg

4 gram kikærter på dåse, drænet

Havsalt og kværnet sort peber efter smag

Adresser

Start med at forvarme ovnen til 400 grader F.

Læg peberfrugt og tomater på en bageplade beklædt med bagepapir. Bages i cirka 30 minutter; skræl peberfrugterne og kom dem over i foodprocessoren sammen med de ristede tomater.

Opvarm imens 2 spsk olivenolie i en stegepande over medium-høj varme. Svits løg og hvidløg i cirka 5 minutter eller indtil de er bløde.

Tilsæt de sauterede grøntsager til foodprocessoren. Tilsæt kikærter, salt, peber og resterende olivenolie; forarbejde indtil cremet og glat.

God appetit!

Klassisk festmix

(Klar på ca. 1 time og 5 minutter | 15 portioner)

Per portion: Kalorier: 290; Fedt: 12,2g; Kulhydrater: 39g; Protein: 7,5 g

ingredienser

- 5 kopper vegansk majsblanding
- 3 kopper mini veganske kringler
- 1 kop ristede mandler
- 1/2 kop ristede pepitas
- 1 spsk næringsgær
- 1 spsk balsamicoeddike
- 1 spsk sojasovs
- 1 tsk hvidløgspulver
- 1/3 kop vegansk smør

Adresser

Start med at forvarme ovnen til 250 grader F. Beklæd en stor bageplade med bagepapir eller en Silpat måtte.

Kom korn, kringler, mandler og pepitas i en serveringsskål.

I en lille gryde smeltes de resterende ingredienser ved moderat varme. Hæld sauce over korn-nøddeblandingen.

Bages i cirka 1 time under omrøring hvert 15. minut, indtil de er gyldne og duftende. Overfør til en rist for at køle helt af. God appetit!

Hvidløg og olivenolie crostini

(Klar på ca. 10 minutter | 4 portioner)

Per portion: Kalorier: 289; Fedt: 8,2 g; Kulhydrater: 44,9 g; Protein: 9,5 g

ingredienser

1 fuldkornsbaguette, skåret i skiver

4 spsk ekstra jomfru olivenolie

1/2 tsk havsalt

3 fed hvidløg, delt i to

Adresser

Forvarm grillen.

Pensl hver skive brød med olivenolie og drys med havsalt. Læg under forvarmet slagtekylling i ca. 2 minutter eller indtil de er let ristede.

Gnid hver skive brød med hvidløg og server. God appetit!

Klassiske veganske frikadeller

(Klar på cirka 15 minutter | 4 servere)

Per portion: Kalorier: 159; Fedt: 9,2 g; Kulhydrater: 16,3 g; Protein: 2,9 g

ingredienser

 1 kop brune ris, kogt og afkølet

 1 kop dåse eller kogte kidneybønner, drænet

 1 tsk finthakket frisk hvidløg

 1 lille løg, hakket

 Havsalt og kværnet sort peber efter smag

 1/2 tsk cayennepeber

 1/2 tsk røget paprika

 1/2 tsk korianderfrø

 1/2 tsk koriander sennepsfrø

 2 spsk olivenolie

Adresser

Bland alle ingredienserne undtagen olivenolie grundigt i en skål. Bland det godt sammen, og form derefter blandingen til glatte kugler med olierede hænder.

Opvarm derefter olivenolien i en slip-let pande over medium varme. Når de er varme, steges frikadellerne i cirka 10 minutter, indtil de er gyldenbrune på alle sider.

Server med cocktailpinde og nyd!

Balsamico ristede pastinakker

(Klar på ca. 30 minutter | 6 portioner)

Per portion: Kalorier: 174; Fedt: 9,3 g; Kulhydrater: 22,2g; Protein: 1,4 g

ingredienser

1 ½ pund pastinak, skåret i stave

1/4 kop olivenolie

1/4 kop balsamicoeddike

1 tsk dijonsennep

1 tsk fennikelfrø

Havsalt og kværnet sort peber efter smag

1 tsk middelhavskrydderiblanding

Adresser

Bland alle ingredienserne i en røreskål, indtil pastinakkerne er godt dækket.

Rist pastinakkerne i en forvarmet ovn ved 400 grader F i ca. 30 minutter under omrøring halvvejs i tilberedningstiden.

Server ved stuetemperatur og nyd!

Traditionel Baba Ganoush

(Klar på cirka 25 minutter | 8 servere)

Per portion: Kalorier: 104; Fedt: 8,2 g; Kulhydrater: 5,3 g; Protein: 1,6 g

ingredienser

1 pund aubergine, skåret i skiver

1 tsk groft havsalt

3 spsk olivenolie

3 spsk frisk citronsaft

2 fed hvidløg, finthakket

3 spsk tahini

1/4 tsk stødt nelliker

1/2 tsk stødt spidskommen

2 spsk hakket frisk persille

Adresser

Gnid havsalt over hele aubergineskiverne. Læg dem derefter i et dørslag og lad det sidde i cirka 15 minutter; dræn, skyl og tør med køkkenruller.

Grill aubergine indtil skindet bliver sort; Skræl auberginen og læg den i skålen på din foodprocessor.

Tilsæt olivenolie, limesaft, hvidløg, tahin, nelliker og spidskommen. Bland indtil alt er godt indarbejdet.

Pynt med friske persilleblade og nyd!

Peanut Butter Bites

(Klar på ca. 5 minutter | 2 portioner)

Per portion: Kalorier: 143; Fedt: 3,9 g; Kulhydrater: 26,3 g; Protein: 2,6 g

ingredienser

8 friske dadler, udhulet og halveret

8 teskefulde jordnøddesmør

1/4 tsk stødt kanel

Adresser

Fordel jordnøddesmørret mellem halvdelene af dadlerne.

Drys med kanel og server straks. God appetit!

stegt blomkålsdip

(Klar på cirka 30 minutter | 7 serverer)

Per portion: Kalorier: 142; Fedt: 12,5 g; Kulhydrater: 6,3 g; Protein: 2,9 g

ingredienser

1 pund blomkålsbuketter

1/4 kop olivenolie

4 spsk tahini

1/2 tsk paprika

Havsalt og kværnet sort peber efter smag

2 spsk frisk limesaft

2 fed hvidløg, finthakket

Adresser

Begynd med at forvarme ovnen til 420 grader F. Smid blomkålsbuketter med olivenolie og læg dem på en bageplade beklædt med bagepapir.

Bag dem i cirka 25 minutter eller indtil de er møre.

Mos derefter blomkålen sammen med resten af ingredienserne, tilsæt kogevæsken efter behov.

Dryp med lidt ekstra olivenolie, hvis det ønskes. God appetit!

simple squashruller

(Klar på cirka 10 minutter | 5 servere)

Per portion: Kalorier: 99; Fedt: 4,4 g; Kulhydrater: 12,1g; Protein: 3,1 g

ingredienser

1 kop hummus, gerne hjemmelavet

1 mellemstor tomat, hakket

1 tsk sennep

1/4 tsk oregano

1/2 tsk cayennepeber

Havsalt og kværnet sort peber efter smag

1 stor zucchini, skåret i strimler

2 spsk hakket frisk basilikum

2 spsk hakket frisk persille

Adresser

Kombiner hummus, tomat, sennep, oregano, cayennepeber, salt og sort peber i en skål, indtil det er godt blandet.

Fordel fyldet mellem squashstrimlerne og fordel jævnt. Rul squashene sammen og pynt med frisk basilikum og persille.

God appetit!

Chipotle Chips

(Klar på cirka 45 minutter | 4 servere)

Per portion: Kalorier: 186; Fedt: 7,1 g; Kulhydrater: 29,6 g; Protein: 2,5 g

ingredienser

4 mellemstore søde kartofler, skrællet og skåret i tern

2 spsk jordnøddeolie

Havsalt og kværnet sort peber efter smag

1 tsk chipotle chili pulver

1/4 tsk stødt allehånde

1 tsk brun farin

1 tsk tørret rosmarin

Adresser

Bland søde kartoffelfrites med de resterende ingredienser.

Bag pommes frites ved 375 grader F i omkring 45 minutter eller indtil gyldenbrun; sørg for at røre fritterne en eller to gange.

Server med din yndlingsdipsauce, hvis det ønskes. God appetit!

Cannellini bønnesauce

(Klar på cirka 10 minutter | 6 servere)

Per portion: Kalorier: 123; Fedt: 4,5 g; Kulhydrater: 15,6 g; Protein: 5,6 g

ingredienser

10 gram cannellinibønner på dåse, drænet

1 finthakket fed hvidløg

2 ristede peberfrugter, skåret i skiver

Friskkværnet hav sort peber efter smag

1/2 tsk stødt spidskommen

1/2 tsk sennepsfrø

1/2 tsk malede laurbærblade

3 spsk tahini

2 spsk frisk italiensk persille, hakket

Adresser

Kom alle ingredienserne undtagen persille i skålen med blenderen eller foodprocessoren. Blitz indtil godt blandet.

Hæld saucen i en serveringsskål og pynt med frisk persille.

Server med pitabletter, tortillachips eller grøntsagsstænger, hvis det ønskes. God fornøjelse!

Krydret stegt blomkål

(Klar på ca. 25 minutter | 6 portioner)

Per portion: Kalorier: 115; Fedt: 9,3 g; Kulhydrater: 6,9 g; Protein: 5,6 g

ingredienser

1½ pund blomkålsbuketter

1/4 kop olivenolie

4 spsk æblecidereddike

2 fed hvidløg, presset

1 tsk tørret basilikum

1 tsk tørret oregano

Havsalt og kværnet sort peber efter smag

Adresser

Start med at forvarme ovnen til 420 grader F.

Vend blomkålsbuketter med de resterende ingredienser.

Læg blomkålsbuketterne på en bageplade beklædt med bagepapir. Bag blomkålsbuketterne i den forvarmede ovn i cirka 25 minutter, eller indtil de er let forkullet.

God appetit!

Simpel libanesisk Toum

(Klar på cirka 10 minutter | 6 servere)

Per portion: Kalorier: 252; Fedt: 27g; Kulhydrater: 3,1 g; Protein: 0,4 g

ingredienser

2 hoveder hvidløg

1 tsk groft havsalt

1½ dl olivenolie

1 friskpresset citron

2 kopper gulerødder, skåret i tændstik

Adresser

Purér hvidløgsfed og salt i en foodprocessor i en højhastighedsblender, indtil det er cremet og glat, og skrab ned i siderne af skålen.

Tilsæt gradvist og langsomt olivenolie og citronsaft, skiftevis mellem disse to ingredienser for at lave en luftig sauce.

Bland indtil saucen tykner. Server med gulerodsstænger og nyd!

Avocado med krydret ingefærdressing

(Klar på ca. 10 minutter | 4 portioner)

Per portion: Kalorier: 295; Fedt: 28,2 g; Kulhydrater: 11,3 g; Protein: 2,3 g

ingredienser

2 avocadoer, udstenede og halveret

1 fed hvidløg, presset

1 tsk frisk ingefær, skrællet og finthakket

2 spsk balsamicoeddike

4 spsk ekstra jomfru olivenolie

Kosher salt og kværnet sort peber efter smag

Adresser

Anret avocadohalvdelene på et serveringsfad.

Bland hvidløg, ingefær, eddike, olivenolie, salt og sort peber i en lille skål. Fordel saucen mellem avocadohalvdelene.

God appetit!

Kikærte Snack Mix

(Klar på cirka 30 minutter | 8 servere)

Per portion: Kalorier: 109; Fedt: 7,9 g; Kulhydrater: 7,4 g; Protein: 3,4 g

ingredienser

1 kop ristede kikærter, drænet

2 spsk smeltet kokosolie

1/4 kop rå græskarkerner

1/4 kop rå valnøddehalvdele

1/3 kop tørrede kirsebær

Adresser

Tør kikærterne med køkkenrulle. Dryp kikærterne med kokosolie.

Rist kikærterne i en forvarmet ovn ved 380 grader F i cirka 20 minutter under omrøring en eller to gange.

Bland kikærterne med græskarkernerne og valnøddehalvdelene. Fortsæt bagning indtil pekannødder er duftende, omkring 8 minutter; lad køle helt af.

Tilsæt de tørrede kirsebær og rør for at kombinere. God appetit!

Muhammara sauce med et twist

(Udført på cirka 35 minutter | 9 serverer)

Per portion: Kalorier: 149; Fedt: 11,5 g; Kulhydrater: 8,9 g; Protein: 2,4g

ingredienser

3 røde peberfrugter

5 spiseskefulde olivenolie

2 fed hvidløg, finthakket

1 hakket tomat

3/4 kop brødkrummer

2 spiseskefulde melasse

1 tsk stødt spidskommen

1/4 ristede solsikkekerner

1 Maras peber, hakket

2 spsk tahini

Havsalt og rød peber efter smag

Adresser

Start med at forvarme ovnen til 400 grader F.

Læg peberfrugterne i en bageform beklædt med bagepapir. Bages i cirka 30 minutter; skræl peberfrugterne og kom dem over i foodprocessoren.

Opvarm imens 2 spsk olivenolie i en stegepande over medium-høj varme. Steg hvidløg og tomater i cirka 5 minutter, eller til de er bløde.

Tilsæt de sauterede grøntsager til foodprocessoren. Tilsæt de resterende ingredienser og kør indtil cremet og glat.

God appetit!

Spinat, kikærter og hvidløgscrostini

(Klar på cirka 10 minutter | 6 servere)

Per portion: Kalorier: 242; Fedt: 6,1 g; Kulhydrater: 38,5 g; Protein: 8,9 g

ingredienser

1 baguette, skåret i skiver

4 spsk ekstra jomfru olivenolie

Havsalt og rød peber efter smag

3 fed hvidløg, finthakket

1 kop kogte kikærter, drænet

2 kopper spinat

1 spsk frisk citronsaft

Adresser

Forvarm grillen.

Pensl brødskiverne med 2 spsk olivenolie og drys med havsalt og rød peberflager. Læg under forvarmet slagtekylling i ca. 2 minutter eller indtil de er let ristede.

I en skål blandes hvidløg, kikærter, spinat, citronsaft og de resterende 2 spsk olivenolie grundigt.

Hæld kikærteblandingen over hver toast. God appetit!

Svampe "Kødboller" og Cannellini bønner

(Klar på cirka 15 minutter | 4 servere)

Per portion: Kalorier: 195; Fedt: 14,1 g; Kulhydrater: 13,2g; Protein: 3,9 g

ingredienser

4 spsk olivenolie

1 kop hakkede svampe

1 finthakket skalotteløg

2 fed hvidløg, finthakket

1 kop dåse eller kogte cannellini bønner, drænet

1 kop kogt quinoa

Havsalt og kværnet sort peber efter smag

1 tsk røget paprika

1/2 tsk rød peberflager

1 tsk sennepsfrø

1/2 tsk tørret dild

Adresser

Opvarm 2 spsk olivenolie i en nonstick-pande. Når de er varme, koges svampe og skalotteløg i 3 minutter eller indtil de er møre.

Tilsæt hvidløg, bønner, quinoa og krydderier. Bland det godt sammen, og form derefter blandingen til glatte kugler med olierede hænder.

Opvarm derefter de resterende 2 spiseskefulde olivenolie i en nonstick-gryde over medium varme. Når de er varme, steges frikadellerne i cirka 10 minutter, indtil de er gyldenbrune på alle sider.

Server med cocktailstænger. God appetit!

Agurkerunder med hummus

(Klar på cirka 10 minutter | 6 servere)

Per portion: Kalorier: 88; Fedt: 3,6 g; Kulhydrater: 11,3 g; Protein: 2,6 g

ingredienser

1 kop hummus, gerne hjemmelavet

2 store tomater i tern

1/2 tsk rød peberflager

Havsalt og kværnet sort peber efter smag

2 engelske agurker, skåret i skiver

Adresser

Fordel hummussaucen mellem agurkeskiverne.

Top dem med tomater; drys rød peberflager, salt og sort peber over hver agurk.

Server meget koldt og nyd!

Fyldte Jalapeno-bid

(Klar på cirka 15 minutter | 6 portioner)

Per portion: Kalorier: 108; Fedt: 6,6 g; Kulhydrater: 7,3 g; Protein: 5,3g

ingredienser

1/2 kop rå solsikkekerner, udblødt natten over og drænet

4 spsk hakket purløg

1 tsk finthakket hvidløg

3 spiseskefulde ernæringsgær

1/2 kop løgcreme

1/2 tsk cayennepeber

1/2 tsk sennepsfrø

12 jalapeños, halveret og frøet

1/2 kop brødkrummer

Adresser

Kombiner rå solsikkefrø, forårsløg, hvidløg, næringsgær, suppe, cayennepeber og sennepsfrø i en foodprocessor eller højhastighedsblender, indtil det er godt blandet.

Hæld blandingen i jalapeños og dæk dem med rasp.

Bages i en forvarmet 400 grader F ovn i cirka 13 minutter, eller indtil peberfrugterne er bløde. Serveres varm.

God appetit!

Mexicanske løgringe

(Klar på ca. 35 minutter | 6 portioner)

Per portion: Kalorier: 213; Fedt: 10,6 g; Kulhydrater: 26,2g; Protein: 4,3 g

ingredienser

2 mellemstore løg, skåret i ringe

1/4 kop universalmel

1/4 kop speltmel

1/3 kop rismælk, usødet

1/3 kop øl

Havsalt og kværnet sort peber efter smag

1/2 tsk cayennepeber

1/2 tsk sennepsfrø

1 kop tortillachips, knust

1 spsk olivenolie

Adresser

Start med at forvarme ovnen til 420 grader F.

I en lav skål piskes mel, mælk og øl sammen.

I en anden lav skål blandes krydderier med knuste tortillachips. Vend løgringene i melblandingen.

Rul dem derefter over krydderiblandingen, og tryk ned for at dække godt.

Læg løgringene i en bageplade beklædt med bagepapir. Pensl med olivenolie og bag i cirka 30 minutter. God appetit!

Ristede rodfrugter

(Klar på ca. 35 minutter | 6 portioner)

Per portion: Kalorier: 261; Fedt: 18,2g; Kulhydrater: 23,3g; Protein: 2,3 g

ingredienser

1/4 kop olivenolie

2 gulerødder, skrællet og skåret i 1 ½-tommers stykker

2 pastinakker, skrællet og skåret i 1 ½-tommers stykker

1 bladselleri, skrællet og skåret i 1 ½-tommers stykker

1 pund søde kartofler, skrællet og skåret i 1 ½-tommers stykker

1/4 kop olivenolie

1 tsk sennepsfrø

1/2 tsk basilikum

1/2 tsk oregano

1 tsk rød peberflager

1 tsk tørret timian

Havsalt og kværnet sort peber efter smag

Adresser

Vend grøntsagerne sammen med de resterende ingredienser, indtil de er godt dækket.

Rist grøntsagerne i en forvarmet ovn ved 400 grader F i cirka 35 minutter, mens du rører halvvejs gennem tilberedningstiden.

Smag til, juster krydderier og server varm. God appetit!

Hummus dip i indisk stil

(Klar på ca. 10 minutter | Serverer 10)

Per portion: Kalorier: 171; Fedt: 10,4 g; Kulhydrater: 15,3g; Protein: 5,4g

ingredienser

20 gram dåse eller kogte kikærter, drænet

1 tsk skåret hvidløg

1/4 kop tahin

1/4 kop olivenolie

1 friskpresset lime

1/4 tsk gurkemeje

1/2 tsk spidskommen pulver

1 tsk karrypulver

1 tsk korianderfrø

1/4 kop flydende kikærter, eller mere efter behov

2 spsk frisk koriander, hakket

Adresser

Bland kikærter, hvidløg, tahin, olivenolie, lime, gurkemeje, spidskommen, karry og korianderfrø i blenderen eller foodprocessoren.

Bland til den ønskede konsistens, tilsæt gradvist kikærtevæsken.

Sæt i køleskabet indtil servering. Pynt med frisk koriander.

Server med naanbrød eller grøntsagsstænger, hvis det ønskes. God appetit!

Bagt bønne og gulerodsdip

(Klar på ca. 55 minutter | Serverer 10)

Per portion: Kalorier: 121; Fedt: 8,3 g; Kulhydrater: 11,2g; Protein: 2,8 g

ingredienser

1½ pund gulerødder, hakket

2 spsk olivenolie

4 spsk tahini

8 ounce cannellinibønner på dåse, drænet

1 tsk finthakket hvidløg

2 spsk citronsaft

2 spsk sojasovs

Havsalt og kværnet sort peber efter smag

1/2 tsk paprika

1/2 tsk tørret dild

1/4 kop ristede pepitas

Adresser

Start med at forvarme ovnen til 390 grader F. Beklæd en bageplade med bagepapir.

Vend nu gulerødderne med olivenolien og læg dem på den forberedte bageplade.

Grill gulerødderne i cirka 50 minutter eller indtil de er møre. Overfør de revne gulerødder til skålen på din foodprocessor.

Tilsæt tahini, bønner, hvidløg, citronsaft, sojasauce, salt, sort peber, paprika og dild. Behandl indtil din sauce er cremet og glat.

Pynt med ristede pepitas og server med gryderetter efter eget valg. God appetit!

Hurtig og nem zucchini sushi

(Klar på cirka 10 minutter | 5 servere)

Per portion: Kalorier: 129; Fedt: 6,3 g; Kulhydrater: 15,9 g; Protein: 2,5 g

ingredienser

1 kop kogte ris

1 revet gulerod

1 lille løg, revet

1 avocado, hakket

1 finthakket fed hvidløg

Havsalt og kværnet sort peber efter smag

1 mellemstor zucchini, skåret i strimler

Wasabi sauce, til servering

Adresser

I en skål kombineres ris, gulerod, løg, avocado, hvidløg, salt og sort peber godt.

Fordel fyldet mellem squashstrimlerne og fordel jævnt. Rul zucchinien sammen og server med wasabisauce.

God appetit!

Cherrytomater med hummus

(Klar på cirka 10 minutter | 8 servere)

Per portion: Kalorier: 49; Fedt: 2,5 g; Kulhydrater: 4,7 g; Protein: 1,3 g

ingredienser

- 1/2 kop hummus, gerne hjemmelavet
- 2 spsk vegansk mayonnaise
- 1/4 kop hakket purløg
- 16 cherrytomater, fjern frugtkødet
- 2 spsk hakket frisk koriander

Adresser

Kom hummus, mayonnaise og løg godt sammen i en skål.

Fordel hummusblandingen mellem tomaterne. Pynt med frisk koriander og server.

God appetit!

Ovnstegte svampe

(Klar på cirka 20 minutter | 4 servere)

Per portion: Kalorier: 136; Fedt: 10,5 g; Kulhydrater: 7,6 g; Protein: 5,6 g

ingredienser

1 ½ pund svampe, rensede

3 spsk olivenolie

3 fed hvidløg, finthakket

1 tsk tørret oregano

1 tsk tørret basilikum

1/2 tsk tørret rosmarin

Kosher salt og kværnet sort peber efter smag

Adresser

Bland svampene med de resterende ingredienser.

Læg svampene på en bageplade beklædt med bagepapir.

Rist svampe i forvarmet ovn ved 420 grader F i cirka 20 minutter, eller indtil de er møre og duftende.

Anret svampene på et fad og server med cocktailstænger. God appetit!

Osteagtige grønkålschips

(Klar på ca. 1 time og 30 minutter | Serverer 6)

Per portion: Kalorier: 121; Fedt: 7,5 g; Kulhydrater: 8,4g; Protein: 6,5 g

ingredienser

1/2 kop solsikkekerner, udblødt natten over og drænet

1/2 kop cashewnødder, udblødt natten over og drænet

1/3 kop ernæringsgær

2 spsk citronsaft

1 tsk løgpulver

1 tsk hvidløgspulver

1 tsk paprika

Havsalt og kværnet sort peber efter smag

1/2 kop vand

4 kopper grønkål, skåret i stykker

Adresser

Kombiner rå solsikkefrø, cashewnødder, næringsgær, citronsaft, løgpulver, hvidløgspulver, paprika, salt, stødt sort peber og vand i foodprocessor eller højhastighedsblender, indtil det er godt blandet.

Hæld blandingen over grønkålsbladene og vend, indtil de er godt dækket.

Bages i en forvarmet 220 grader F ovn i cirka 1 time og 30 minutter eller indtil sprød.

God appetit!

Avocadobåde med hummus

(Klar på ca. 10 minutter | 4 portioner)

Per portion: Kalorier: 297; Fedt: 21,2g; Kulhydrater: 23,9 g; Protein: 6g

ingredienser

1 spsk frisk citronsaft

2 modne avocadoer, halveret og udhulet

8 gram hummus

1 finthakket fed hvidløg

1 mellemstor tomat, hakket

Havsalt og kværnet sort peber efter smag

1/2 tsk gurkemejepulver

1/2 tsk cayennepeber

1 spsk tahini

Adresser

Dryp frisk citronsaft over avocadohalvdelene.

Kombiner hummus, hvidløg, tomat, salt, sort peber, gurkemejepulver, cayennepeber og tahin. Hæld fyldet i dine avocadoer.

Server straks.

Nacho fyldte svampe

(Klar på cirka 25 minutter | 5 servere)

Per portion: Kalorier: 210; Fedt: 13,4 g; Kulhydrater: 17,7 g; Protein: 6,9 g

ingredienser

1 kop tortillachips, knust

1 kop kogte eller dåse sorte bønner, drænet

4 spsk vegansk smør

2 spsk tahini

4 spsk hakket purløg

1 tsk finthakket hvidløg

1 jalapeno finthakket

1 tsk mexicansk oregano

1 tsk cayennepeber

Havsalt og kværnet sort peber efter smag

15 mellemstore svampe, rensede, uden stængler

Adresser

Bland alle ingredienserne, undtagen svampe, grundigt i en røreskål.

Fordel nachoblandingen mellem dine svampe.

Bages i en forvarmet 350 grader F ovn i cirka 20 minutter, eller indtil de er møre og gennemstegte. God appetit!

Salat wraps med hummus og avocado

(Klar på cirka 10 minutter | 6 servere)

Per portion: Kalorier: 115; Fedt: 6,9 g; Kulhydrater: 11,6 g; Protein: 2,6 g

ingredienser

 1/2 kop hummus

 1 hakket tomat

 1 revet gulerod

 1 mellemstor avocado, udstenet og skåret i tern

 1 tsk hvid eddike

 1 tsk sojasovs

 1 tsk agavesirup

 1 spsk Sriracha sauce

 1 tsk finthakket hvidløg

 1 tsk friskrevet ingefær

Kosher salt og kværnet sort peber efter smag

1 hovedsmørsalat, delt i blade

Adresser

Bland hummus, tomat, gulerod og avocado godt sammen. Kombiner hvid eddike, sojasauce, agavesirup, Sriracha sauce, hvidløg, ingefær, salt og sort peber.

Fordel fyldet mellem salatblade, rul dem sammen og server med sauce ved siden af.

God appetit!

Ristede rosenkål

(Klar på ca. 35 minutter | 6 portioner)

Per portion: Kalorier: 151; Fedt: 9,6 g; Kulhydrater: 14,5 g; Protein: 5,3g

ingredienser

2 pund rosenkål

1/4 kop olivenolie

Groft havsalt og kværnet sort peber efter smag

1 tsk rød peberflager

1 tsk tørret oregano

1 tsk tørret persille

1 tsk sennepsfrø

Adresser

Vend rosenkål med de resterende ingredienser, indtil det er godt belagt.

Rist grøntsagerne i en forvarmet ovn ved 400 grader F i cirka 35 minutter, mens du rører halvvejs gennem tilberedningstiden.

Smag til, juster krydderier og server varm. God appetit!

Poblano sød kartoffel poppers

(Klar på cirka 25 minutter | 7 servere)

Per portion: Kalorier: 145; Fedt: 3,6 g; Kulhydrater: 24,9 g; Protein: 5,3g

ingredienser

1/2 pund blomkål, skåret og skåret

1 pund søde kartofler, skrællet og skåret i tern

1/2 kop cashewmælk, usødet

1/4 kop vegansk mayonnaise

1/2 tsk karrypulver

1/2 tsk cayennepeber

1/4 tsk tørret dild

Sort peber fra havet og malet efter smag

1/2 kop frisk brødkrummer

14 friske poblano peberfrugter, halveret, frøet

Adresser

Damp blomkål og søde kartofler i cirka 10 minutter eller indtil de er bløde. Mos dem nu med cashewmælk.

Tilsæt vegansk mayonnaise, karry, cayennepeber, dild, salt og sort peber.

Hæld blandingen i peberfrugterne og dæk dem med rasp.

Bages i en forvarmet 400 grader F ovn i cirka 13 minutter, eller indtil peberfrugterne er bløde.

God appetit!

Bagte Zucchini Chips

(Klar på ca. 1 time og 30 minutter | 7 serverer)

Per portion: Kalorier: 48; Fedt: 4,2 g; Kulhydrater: 2g; Protein: 1,7 g

ingredienser

1 pund zucchini, skåret 1/8-tommer tykke

2 spsk olivenolie

1/2 tsk tørret oregano

1/2 tsk tørret basilikum

1/2 tsk rød peberflager

Havsalt og kværnet sort peber efter smag

Adresser

Bland zucchinien med de resterende ingredienser.

Læg squashskiverne i et enkelt lag på en bageplade beklædt med bagepapir.

Bages ved 235 grader F i cirka 90 minutter, indtil de er sprøde og gyldne. Zucchini-chipsene bliver sprøde, når de afkøles.

God appetit!

autentisk libanesisk sauce

(Klar på cirka 10 minutter | Serverer 12)

Per portion: Kalorier: 117; Fedt: 6,6 g; Kulhydrater: 12,2g; Protein: 4,3 g

ingredienser

2 (15 ounce) dåser garbanzo bønner/garbanzo bønner

4 spsk citronsaft

4 spsk tahini

2 spsk olivenolie

1 tsk ingefær-hvidløgspasta

1 tsk libanesisk 7-krydderi blanding

Havsalt og kværnet sort peber efter smag

1/3 kop flydende kikærter

Adresser

Bland kikærter, citronsaft, tahin, olivenolie, ingefær-hvidløgspasta og krydderier i blenderen eller foodprocessoren.

Bland til den ønskede konsistens, tilsæt gradvist kikærtevæsken.

Sæt i køleskabet indtil servering. Server med grøntsagsstænger. God appetit!

Veganske havrefrikadeller

(Klar på cirka 15 minutter | 4 servere)

Per portion: Kalorier: 284; Fedt: 10,5 g; Kulhydrater: 38,2g; Protein: 10,4 g

ingredienser

1 kop havreflager

1 kop kogte eller dåse kikærter

2 fed hvidløg, finthakket

1 tsk løgpulver

1/2 tsk spidskommen pulver

1 tsk tørrede persilleflager

1 tsk tørret merian

1 spsk chiafrø, udblødt i 2 spsk vand

Et par dråber flydende røg

Havsalt og friskkværnet sort peber efter smag

2 spsk olivenolie

Adresser

Bland ingredienserne godt, undtagen olivenolien. Bland det godt sammen, og form derefter blandingen til glatte kugler med olierede hænder.

Opvarm derefter olivenolien i en slip-let pande over medium varme. Når de er varme, steges frikadellerne i cirka 10 minutter, indtil de er gyldenbrune på alle sider.

Anret frikadellerne på et serveringsfad og server med cocktailstænger. God appetit!

Paprikabåde med mangosauce

(Klar på ca. 5 minutter | 4 portioner)

Per portion: Kalorier: 74; Fedt: 0,5 g; Kulhydrater: 17,6 g; Protein: 1,6 g

ingredienser

- 1 mango, skrællet, udkernet og skåret i tern
- 1 lille skalotteløg, finthakket
- 2 spsk frisk koriander, hakket
- 1 rød chili, udkernet og finthakket
- 1 spsk frisk citronsaft
- 4 peberfrugter, udsået og halveret

Adresser

Bland mango, skalotteløg, koriander, rød peber og limesaft godt sammen.

Hæld blandingen i paprikahalvdelene og server med det samme.

God appetit!

Krydrede rosmarin broccolibuketter

(Klar på ca. 35 minutter | 6 portioner)

Per portion: Kalorier: 135; Fedt: 9,5 g; Kulhydrater: 10,9 g; Protein: 4,4 g

ingredienser

2 pund broccolibuketter

1/4 kop ekstra jomfru olivenolie

Havsalt og kværnet sort peber efter smag

1 tsk ingefær-hvidløgspasta

1 spsk finthakket frisk rosmarin

1/2 tsk citronskal

Adresser

Vend broccoli sammen med de resterende ingredienser, indtil den er godt dækket.

Rist grøntsagerne i en forvarmet ovn ved 400 grader F i cirka 35 minutter, mens du rører halvvejs gennem tilberedningstiden.

Smag til, juster krydderier og server varm. God appetit!

Sprødstegte roechips

(Klar på ca. 35 minutter | 6 portioner)

Per portion: Kalorier: 92; Fedt: 9,1 g; Kulhydrater: 2,6 g; Protein: 0,5 g

ingredienser

2 rødbeder, skrællet og skåret 1/8-tommer tykke

1/4 kop olivenolie

Havsalt og kværnet sort peber efter smag

1/2 tsk rød peberflager

Adresser

Bland rødbedeskiverne med de resterende ingredienser.

Læg rødbedeskiverne i et enkelt lag på en bageplade beklædt med bagepapir.

Bages ved 400 grader F i cirka 30 minutter, indtil de er sprøde.

God appetit!

Hjemmelavet chokolade med kokos og rosiner

(Klar på ca. 10 minutter + afkølingstid | Serverer 20)

Per portion: Kalorier: 130; Fedt: 9,1 g; Kulhydrater: 12,1g; Protein: 1,3 g

ingredienser

1/2 kop kakaosmør, smeltet

1/3 kop jordnøddesmør

1/4 kop agavesirup

En knivspids revet muskatnød

En knivspids groft salt

1/2 tsk vaniljeekstrakt

1 kop tør kokosnød, revet

6 gram mørk chokolade, hakket

3 gram rosiner

Adresser

Bland alle ingredienserne undtagen chokoladen grundigt i en røreskål.

Hæld blandingen i forme. Efterlad på et køligt sted.

Smelt den mørke chokolade i mikroovnen. Hæld smeltet chokolade i for at dække fyldet. Efterlad på et køligt sted.

God fornøjelse!

Simpel Mokka Fudge

(Klar på ca. 1 time og 10 minutter | 20 portioner)

Per portion: Kalorier: 105; Fedt: 5,6 g; Kulhydrater: 12,9 g; Protein: 1,1 g

ingredienser

1 kop knuste kiks

1/2 kop mandelsmør

1/4 kop agave nektar

6 gram mørk chokolade, delt i stykker

1 tsk instant kaffe

En knivspids revet muskatnød

en knivspids salt

Adresser

Beklæd en stor bageplade med bagepapir.

Smelt chokoladen i mikroovnen og tilsæt de resterende ingredienser; rør for at blande godt.

Læg dejen på en bageplade beklædt med bagepapir. Sæt den i fryseren i mindst 1 time for at stivne.

Skær i firkanter og server. God appetit!

Mandel og chokoladechips

(Klar på cirka 40 minutter | Serverer 10)

Per portion: Kalorier: 295; Fedt: 17g; Kulhydrater: 35,2g; Protein: 1,7 g

ingredienser

1/2 kop mandelsmør

1/4 kop smeltet kokosolie

1/4 kop agavesirup

1 tsk vaniljeekstrakt

1/4 tsk havsalt

1/4 tsk revet muskatnød

1/2 tsk stødt kanel

2 kopper mandelmel

1/4 kop hørfrømel

1 kop vegansk chokolade, hakket

1 1/3 kopper malede mandler

2 spsk kakaopulver

1/4 kop agavesirup

Adresser

Kombiner mandelsmør, kokosolie, 1/4 kop agavesirup, vanilje, salt, muskatnød og kanel i en skål, indtil det er godt blandet.

Tilsæt gradvist mandelmel og hørfrømel og rør for at kombinere. Tilsæt chokoladestykkerne og rør igen.

Kom mandler, kakaopulver og agavesirup i en lille skål. Fordel nu ganachen over kagen. Frys i cirka 30 minutter, skær i stænger og server meget koldt. God fornøjelse!

mandelsmør cookies

(Klar på ca. 45 minutter | 10 portioner)

Per portion: Kalorier: 197; Fedt: 15,8 g; Kulhydrater: 12,5 g; Protein: 2,1g

ingredienser

- 3/4 kop universalmel
- 1/2 tsk natron
- 1/4 tsk kosher salt
- 1 høræg
- 1/4 kop kokosolie, ved stuetemperatur
- 2 spsk mandelmælk
- 1/2 kop brun farin
- 1/2 kop mandelsmør
- 1/2 tsk stødt kanel
- 1/2 tsk vanilje

Adresser

I en skål kombineres mel, bagepulver og salt.

I en anden skål kombineres høræg, kokosolie, mandelmælk, sukker, mandelsmør, kanel og vanilje. Tilsæt den våde blanding til de tørre ingredienser og rør, indtil det er godt blandet.

Sæt dejen på køl i cirka 30 minutter. Form dejen til små kiks og læg dem på en bageplade beklædt med bagepapir.

Bages i en forvarmet 350 grader F ovn i cirka 12 minutter. Overfør gryden til en rist til afkøling til stuetemperatur. God appetit!

Jordnøddesmør havrebarer

(Klar på ca. 25 minutter | Serverer 20)

Per portion: Kalorier: 161; Fedt: 10,3 g; Kulhydrater: 17,5 g; Protein: 2,9 g

ingredienser

1 kop vegansk smør

3/4 kop kokossukker

2 spsk æblemos

1 ¾ kopper gammeldags havre

1 tsk bagepulver

En knivspids havsalt

En knivspids revet muskatnød

1 tsk ren vaniljeekstrakt

1 kop havregryn

1 kop universalmel

Adresser

Start med at forvarme ovnen til 350 grader F.

Bland de tørre ingredienser godt sammen i en skål. Bland de våde ingredienser i en anden skål.

Rør derefter den våde blanding i de tørre ingredienser; bland for at blande godt.

Fordel dejblandingen i en firkantet bageform beklædt med bagepapir. Bages i en forvarmet ovn i cirka 20 minutter. God fornøjelse!

Halvah Vanilje Fudge

(Klar på ca. 10 minutter + afkølingstid | 16 portioner)

Per portion: Kalorier: 106; Fedt: 9,8 g; Kulhydrater: 4,5 g; Protein: 1,4 g

ingredienser

1/2 kop kakaosmør

1/2 kop tahin

8 dadler, udhulet

1/4 tsk stødt nelliker

En knivspids revet muskatnød

En knivspids groft salt

1 tsk vaniljeekstrakt

Adresser

Beklæd en firkantet bageplade med bagepapir.

Bland ingredienserne, indtil alt er godt indarbejdet.

Hæld dejen i den bagepapirbeklædte form. Stil i fryseren indtil servering. God appetit!

Rå chokolade og mango kage

(Klar på ca. 10 minutter + afkølingstid | 16 portioner)

Per portion: Kalorier: 196; Fedt: 16,8 g; Kulhydrater: 14,1g; Protein: 1,8 g

ingredienser

Avocado lag:

3 modne avocadoer, udstenede og skrællede

En knivspids havsalt

En knivspids formalet anis

1/2 tsk vaniljepasta

2 spsk kokosmælk

5 spsk agavesirup

1/3 kop kakaopulver

Creme lag:

1/3 kop mandelsmør

1/2 kop kokosfløde

1 medium skrællet mango

1/2 kokosflager

2 spsk agavesirup

Adresser

I foodprocessoren blendes avocadolagen, indtil den er glat og jævn; booking.

Bland derefter det andet lag i en separat skål. Læg lagene i en let smurt bradepande.

Overfør kagen til fryseren i cirka 3 timer. Opbevares i fryseren. God appetit!

Lækker chokoladecreme

(Klar på cirka 10 minutter | 1 servering)

Per portion: Kalorier: 349; Fedt: 2,8; Kulhydrater: 84,1g; Protein: 4,8 g

ingredienser

2 frosne bananer, skrællet og skåret i skiver

2 spsk kokosmælk

1 tsk johannesbrødpulver

1 tsk kakaopulver

En knivspids revet muskatnød

1/8 tsk stødt kardemomme

1/8 tsk stødt kanel

1 spsk chokoladekrøller

Adresser

Kom alle ingredienserne i skålen med foodprocessoren eller højhastighedsblenderen.

Rør ingredienserne til de er cremede eller til den ønskede konsistens er opnået.

Server med det samme eller opbevar i fryseren.

God appetit!

rå hindbær cheesecake

(Klar på ca. 15 minutter + afkølingstid | 9 servere)

Per portion: Kalorier: 385; Fedt: 22,9; Kulhydrater: 41,1g; Protein: 10,8g

ingredienser

Cortex:

2 kopper mandler

1 kop friske dadler, udstenede

1/4 tsk stødt kanel

Fyldning:

2 kopper rå cashewnødder, udblødt natten over og drænet

14 gram brombær, frosne

1 spsk frisk citronsaft

1/4 tsk krystalliseret ingefær

1 dåse kokoscreme

8 friske dadler, udstenede

Adresser

I foodprocessoren blendes skorpeingredienserne, indtil blandingen kommer sammen; Tryk skorpen i en let smurt springform.

Bland derefter fyldlaget til det er helt glat. Hæld fyldet over bunden, og skab en flad overflade med en spatel.

Overfør kagen til fryseren i cirka 3 timer. Opbevares i fryseren.

Pynt med økologisk citrusskal. God appetit!

Mini citrontærter

(Klar på ca. 15 minutter + afkølingstid | 9 servere)

Per portion: Kalorier: 257; Fedt: 16,5; Kulhydrater: 25,4g; Protein: 4g

ingredienser

1 kop cashewnødder

1 kop dadler, udstenede

1/2 kop kokosflager

1/2 tsk stødt anis

3 friskpressede citroner

1 kop kokosfløde

2 spsk agavesirup

Adresser

Pensl en muffinform med nonstick-madolie.

Kom cashewnødder, dadler, kokos og anis i foodprocessor eller højhastighedsblender. Tryk skorpen i en muffinform med peber.

Bland derefter citron, kokoscreme og agavesirup. Hæld fløden i muffinformen.

Opbevares i fryseren. God appetit!

Fluffy kokosblondiner med rosiner

(Klar på cirka 30 minutter | 9 serverer)

Per portion: Kalorier: 365; Fedt: 18,5; Kulhydrater: 49g; Protein: 2,1g

ingredienser

1 kop kokosmel

1 kop universalmel

1/2 tsk bagepulver

1/4 tsk salt

1 kop tørret kokosnød, usødet

3/4 kop vegansk smør, blødgjort

1½ dl brun farin

3 spsk æblemos

1/2 tsk vaniljeekstrakt

1/2 tsk stødt anis

1 kop rosiner, udblødt i 15 minutter

Adresser

Begynd med at forvarme ovnen til 350 grader F. Pensl en bageplade med nonstick-madolie.

Bland mel, bagepulver, salt og kokos godt sammen. I en anden skål blandes smør, sukker, æblemos, vanilje og anis. Tilsæt smørblandingen til de tørre ingredienser; rør for at blande godt.

Bland rosinerne i. Tryk dejen ned i den forberedte bageplade.

Bages i cirka 25 minutter eller indtil den har sat sig i midten. Læg kagen på en rist til afkøling let.

God appetit!

simple chokoladefirkanter

(Klar på ca. 1 time og 10 minutter | 20 portioner)

Per portion: Kalorier: 187; Fedt: 13,8 g; Kulhydrater: 15,1 g; Protein: 2,9 g

ingredienser

1 kop cashew smør

1 kop mandelsmør

1/4 kop smeltet kokosolie

1/4 kop rå kakaopulver

2 gram mørk chokolade

4 spsk agavesirup

1 tsk vaniljepasta

1/4 tsk stødt kanel

1/4 tsk stødt nelliker

Adresser

Kør alle ingredienserne i blenderen, indtil de er glatte og jævne.

Læg dejen på en bageplade beklædt med bagepapir. Sæt den i fryseren i mindst 1 time for at stivne.

Skær i firkanter og server. God appetit!

Chokolade Rosin Cookie Bars

(Klar på cirka 40 minutter | Serverer 10)

Per portion: Kalorier: 267; Fedt: 2,9 g; Kulhydrater: 61,1g; Protein: 2,2g

ingredienser

1/2 kop jordnøddesmør, ved stuetemperatur

1 kop agavesirup

1 tsk ren vaniljeekstrakt

1/4 tsk kosher salt

2 kopper mandelmel

1 tsk bagepulver

1 kop rosiner

1 kop vegansk chokolade, brækket i stykker

Adresser

I en skål blandes jordnøddesmør, agavesirup, vanilje og salt grundigt.

Tilsæt gradvist mandelmel og bagepulver og rør for at kombinere. Tilsæt rosiner og chokoladechips og rør igen.

Frys i cirka 30 minutter og server meget koldt. God fornøjelse!

Mandel granola barer

(Klar på cirka 25 minutter | Serverer 12)

Per portion: Kalorier: 147; Fedt: 5,9 g; Kulhydrater: 21,7 g; Protein: 5,2g

ingredienser

1/2 kop speltmel

1/2 kop havregryn

1 kop havreflager

1 tsk bagepulver

1/2 tsk kanel

1/2 tsk stødt kardemomme

1/4 tsk frisk revet muskatnød

1/8 tsk kosher salt

1 kop mandelmælk

3 spsk agavesirup

1/2 kop jordnøddesmør

1/2 kop æblemos

1/2 tsk ren mandelekstrakt

1/2 tsk ren vaniljeekstrakt

1/2 kop hakkede mandler

Adresser

Start med at forvarme ovnen til 350 grader F.

I en skål blandes mel, havregryn, bagepulver og krydderier godt sammen. Bland de våde ingredienser i en anden skål.

Rør derefter den våde blanding i de tørre ingredienser; bland for at blande godt. Tilsæt de snittede mandler.

Hæld blandingen i et ovnfast fad beklædt med bagepapir. Bages i en forvarmet ovn i cirka 20 minutter. Lad afkøle på en rist. Skær i stænger og nyd!

luftige kokossmåkager

(Klar på cirka 40 minutter | Serverer 10)

Per portion: Kalorier: 136; Fedt: 7,3 g; Kulhydrater: 15,6 g; Protein: 1,6 g

ingredienser

1/2 kop havregryn

1/2 kop universalmel

1/2 tsk natron

en knivspids salt

1/4 tsk revet muskatnød

1/2 tsk stødt nelliker

1/2 tsk stødt kanel

4 spsk kokosolie

2 spsk havremælk

1/2 kop kokossukker

1/2 kop kokosflager, usødet

Adresser

I en skål kombineres mel, bagepulver og krydderier.

I en anden skål kombineres kokosolie, havremælk, sukker og kokos. Tilsæt den våde blanding til de tørre ingredienser og rør, indtil det er godt blandet.

Sæt dejen på køl i cirka 30 minutter. Form dejen til små kiks og læg dem på en bageplade beklædt med bagepapir.

Bages i en forvarmet 330 grader F ovn i cirka 10 minutter. Overfør gryden til en rist til afkøling til stuetemperatur. God appetit!

Rå nødde- og bærtærte

(Klar på ca. 10 minutter + afkølingstid | 8 servere)

Per portion: Kalorier: 244; Fedt: 10,2 g; Kulhydrater: 39g; Protein: 3,8 g

ingredienser

Cortex:

1½ dl malede valnødder

2 spsk ahornsirup

1/4 kop rå kakaopulver

1/4 tsk stødt kanel

En knivspids groft salt

Et nip friskrevet muskatnød

Bær lag:

6 kopper blandede bær

2 frosne bananer

1/2 kop agavesirup

Adresser

I foodprocessoren blendes skorpeingredienserne, indtil blandingen kommer sammen; tryk skorpen ind i en let smurt bageplade.

Bland derefter bærlaget i. Læg bærrene over skorpen, og skab en flad overflade med en spatel.

Overfør kagen til fryseren i cirka 3 timer. Opbevares i fryseren. God appetit!

drømmende chokoladekugler

(Klar på ca. 10 minutter + afkølingstid | 8 servere)

Per portion: Kalorier: 107; Fedt: 7,2 g; Kulhydrater: 10,8g; Protein: 1,8 g

ingredienser

- 3 spiseskefulde kakaopulver
- 8 friske dadler, udhulet og udblødt i 15 minutter
- 2 spsk tahin, ved stuetemperatur
- 1/2 tsk stødt kanel
- 1/2 kop vegansk chokolade, brækket i stykker
- 1 spsk kokosolie, ved stuetemperatur

Adresser

Tilsæt kakaopulver, dadler, tahini og kanel til foodprocessorens skål. Behandl indtil blandingen danner en kugle.

Brug en cookie scoop til at dele blandingen i 1-ounce portioner. Rul kuglerne sammen og stil dem på køl i mindst 30 minutter.

I mellemtiden, mikroovn chokolade indtil smeltet; tilsæt kokosolie og pisk det godt sammen.

Dyp chokoladekuglerne i overtrækket og opbevar i køleskabet indtil servering. God appetit!

sidste minut makroner

(Klar på cirka 15 minutter | Serverer 10)

Per portion: Kalorier: 125; Fedt: 7,2 g; Kulhydrater: 14,3g; Protein: 1,1 g

ingredienser

3 kopper kokosflager, sødet

9 gram kokosmælk på dåse, sødet

1 tsk stødt anis

1 tsk vaniljeekstrakt

Adresser

Start med at forvarme ovnen til 325 grader F. Beklæd bageplade med bagepapir.

Bland alle ingredienserne godt sammen, indtil det hele er godt indarbejdet.

Brug en cookie scoop til at falde bunker af dej ned på de forberedte bageplader.

Bag dem i cirka 11 minutter til de er let gyldne. God appetit!

gammeldags ratafias

(Klar på cirka 20 minutter | 8 servere)

Per portion: Kalorier: 272; Fedt: 16,2g; Kulhydrater: 28,6 g; Protein: 5,8 g

ingredienser

2 ounces universalmel

2 ounce mandelmel

1 tsk bagepulver

2 spsk æblemos

5 gram flormelis

1 ½ ounce vegansk smør

4 dråber ratafia-essens

Adresser

Start med at forvarme ovnen til 330 grader F. Beklæd en bageplade med bagepapir.

Bland alle ingredienserne godt sammen, indtil det hele er godt indarbejdet.

Brug en kugle til at smide bunker af dejen ned på det forberedte bagepapir.

Bag dem i cirka 15 minutter til de er let gyldne. God appetit!

Jasmin risengrød med tørrede abrikoser

(Klar på cirka 20 minutter | 4 servere)

Per portion: Kalorier: 300; Fedt: 2,2g; Kulhydrater: 63,6g; Protein: 5,6 g

ingredienser

1 kop jasminris, skyllet

1 kop vand

1 kop mandelmælk

1/2 kop brun farin

en knivspids salt

En knivspids revet muskatnød

1/2 kop tørrede abrikoser, hakket

1/4 tsk stødt kanel

1 tsk vaniljeekstrakt

Adresser

Kom ris og vand i en gryde. Dæk gryden til og kog vandet op.

Skru ned for varmen til lav; lad det simre i yderligere 10 minutter, indtil alt vandet er absorberet.

Tilsæt derefter de resterende ingredienser og rør for at kombinere. Lad det simre i yderligere 10 minutter, eller indtil buddingen er tyknet. God appetit!

daglige energibarer

(Klar på ca. 35 minutter | Serverer 16)

Per portion: Kalorier: 285; Fedt: 17,1 g; Kulhydrater: 30g; Protein: 5,1g

ingredienser

- 1 kop vegansk smør
- 1 kop brun farin
- 2 spsk agavesirup
- 2 kopper gammeldags havregryn
- 1/2 kop hakkede mandler
- 1/2 kop hakkede valnødder
- 1/2 kop tørrede ribs
- 1/2 kop pepitas

Adresser

Start med at forvarme ovnen til 320 grader F. Beklæd en bageplade med bagepapir eller en Silpat måtte.

Bland alle ingredienserne godt sammen, indtil det hele er godt indarbejdet.

Fordel blandingen over den forberedte bageplade med en bred spatel.

Bages i cirka 33 minutter eller indtil de er gyldenbrune. Skær i stænger med en skarp kniv og nyd!

rå kokos-is

(Klar på cirka 10 minutter + afkølingstid | Portioner 2)

Per portion: Kalorier: 388; Fedt: 7,7 g; Kulhydrater: 82g; Protein: 4,8 g

ingredienser

4 overmodne bananer, frosne

4 spsk kokosmælk

6 friske dadler, udstenede

1/4 tsk ren kokosekstrakt

1/2 tsk ren vaniljeekstrakt

1/2 kop kokosflager

Adresser

Kom alle ingredienserne i skålen med foodprocessoren eller højhastighedsblenderen.

Rør ingredienserne til de er cremede eller til den ønskede konsistens er opnået.

Server med det samme eller opbevar i fryseren.

God appetit!

Chokolade og hasselnøddefudge

(Klar på ca. 1 time og 10 minutter | 20 portioner)

Per portion: Kalorier: 127; Fedt: 9g; Kulhydrater: 10,7 g; Protein: 2,4g

ingredienser

- 1 kop cashew smør
- 1 kop friske dadler, udstenede
- 1/4 kop kakaopulver
- 1/4 tsk stødt nelliker
- 1 tsk matcha pulver
- 1 tsk vaniljeekstrakt
- 1/2 kop hasselnødder, groft hakket

Adresser

Kør alle ingredienserne i blenderen, indtil de er glatte og jævne.

Læg dejen på en bageplade beklædt med bagepapir. Sæt den i fryseren i mindst 1 time for at stivne.

Skær i firkanter og server. God appetit!

Blåbær havregryn firkanter

(Klar på ca. 25 minutter | Serverer 20)

Per portion: Kalorier: 101; Fedt: 2,5 g; Kulhydrater: 17,2g; Protein: 2,8 g

ingredienser

- 1½ kop havregryn
- 1/2 kop brun farin
- 1 tsk bagepulver
- En knivspids groft salt
- En knivspids revet muskatnød
- 1/2 tsk kanel
- 2/3 kop jordnøddesmør
- 1 mellemstor banan, moset
- 1/3 kop havremælk
- 1 tsk vaniljeekstrakt

1/2 kop tørrede tranebær

Adresser

Start med at forvarme ovnen til 350 grader F.

Bland de tørre ingredienser godt sammen i en skål. Bland de våde ingredienser i en anden skål.

Rør derefter den våde blanding i de tørre ingredienser; bland for at blande godt.

Fordel dejblandingen på en bageplade beklædt med bagepapir. Bages i en forvarmet ovn i cirka 20 minutter.

Lad afkøle på en rist. Skær den i firkanter og nyd!

Klassisk brødbudding med sultanas

(Klar på ca. 2 timer | 4 portioner)

Per portion: Kalorier: 377; Fedt: 6,5 g; Kulhydrater: 72g; Protein: 10,7 g

ingredienser

- 10 gram brød fra dagen før, skåret i tern
- 2 kopper kokosmælk
- 1/2 kop kokossukker
- 1 tsk vaniljeekstrakt
- 1/2 tsk stødt nelliker
- 1/2 tsk stødt kanel
- 1/2 kop sultanas

Adresser

Læg brødterningerne i et let olieret ovnfast fad.

Bland nu mælk, sukker, vanilje, stødt nelliker og kanel til det er cremet og glat.

Hæld blandingen over brødterningerne, pres dem med en bred spatel, så de er godt gennemblødte; fold ind i Sultanas og lad stå i cirka 1 time.

Bages i en forvarmet 350 grader F ovn i cirka 1 time eller indtil toppen af din budding er gyldenbrun.

God appetit!

Dekadent Hasselnød Halvah

(Klar på cirka 10 minutter | 16 serveringer)

Per portion: Kalorier: 169; Fedt: 15,5 g; Kulhydrater: 6,6 g; Protein: 1,9 g

ingredienser

1/2 kop tahin

1/2 kop mandelsmør

1/4 kop smeltet kokosolie

4 spsk agave nektar

1/2 tsk ren mandelekstrakt

1/2 tsk ren vaniljeekstrakt

1/8 tsk salt

1/8 tsk frisk revet muskatnød

1/2 kop hakkede hasselnødder

Adresser

Beklæd en firkantet bageplade med bagepapir.

Bland ingredienserne, undtagen hasselnødderne, indtil alt er godt indarbejdet.

Hæld dejen i den bagepapirbeklædte form. Pres hasselnødderne ned i dejen.

Stil i fryseren indtil servering. God appetit!

Mini orange cheesecakes

(Klar på ca. 10 minutter + afkølingstid | 12 portioner)

Per portion: Kalorier: 226; Fedt: 15,9 g; Kulhydrater: 19,8 g; Protein: 5,1g

ingredienser

Cortex:

1 kop rå mandler

1 kop friske dadler, udstenede

Tilføjelse:

1/2 kop rå solsikkekerner, udblødt natten over og drænet

1 kop rå cashewnødder, udblødt natten over og drænet

1 friskpresset appelsin

1/4 kop kokosolie, blødgjort

1/2 kop dadler, udstenede

Pynt:

2 spsk karamel topping

Adresser

I foodprocessoren blendes skorpeingredienserne, indtil blandingen kommer sammen; tryk skorpen i en let smurt muffinform.

Bland derefter ingredienserne til toppingen sammen, indtil de er cremede og glatte. Hæld toppingblandingen over bunden og skab en flad overflade med en spatel.

Sæt disse mini cheesecakes i fryseren i cirka 3 timer. Pynt med karamel topping. God appetit!

Bærkompot med rødvin

(Klar på cirka 15 minutter | 4 servere)

Per portion: Kalorier: 260; Fedt: 0,5 g; Kulhydrater: 64,1g; Protein: 1,1 g

ingredienser

4 kopper blandede bær, friske eller frosne

1 kop sød rødvin

1 kop agavesirup

1/2 tsk stjerneanis

1 kanelstang

3-4 tænder

En knivspids revet muskatnød

En knivspids havsalt

Adresser

Kom alle ingredienserne i en gryde. Dæk med vand med 1 tomme. Bring i kog og reducer straks varmen til et simre.

Lad det simre i 9 til 11 minutter. Lad det køle helt af.

God appetit!

Tyrkiske Irmik Helvasi

(Klar på cirka 35 minutter | 8 servere)

Per portion: Kalorier: 349; Fedt: 29,1 g; Kulhydrater: 18,1g; Protein: 4,7 g

ingredienser

1 kop semuljemel

1/2 kop revet kokosnød

1/2 tsk bagepulver

en knivspids salt

1 tsk ren vaniljeekstrakt

1 kop vegansk smør

1 kop kokosmælk

1/2 kop malede valnødder

Adresser

Bland mel, kokos, bagepulver, salt og vanilje godt sammen. Tilsæt smør og mælk; mix for at matche.

Vend nødderne i og lad dem stå i cirka 1 time.

Bages i en forvarmet 350 grader F ovn i cirka 30 minutter, eller indtil en tester indsat i midten af kagen kommer ud ren og tør.

Overfør til en rist til afkøling helt inden udskæring og servering. God appetit!

traditionel græsk koufeto

(Klar på cirka 15 minutter | 8 servere)

Per portion: Kalorier: 203; Fedt: 6,8 g; Kulhydrater: 34,1g; Protein: 3,4 g

ingredienser

1 pund græskar

8 gram brun farin

1 vaniljestang

3-4 tænder

1 kanelstang

1 kop mandler, skåret i skiver og let ristet

Adresser

Kog græskar og brun farin; tilsæt vanilje, nelliker og kanel.

Rør konstant for at undgå at klæbe.

Kog indtil Koufeto er tyknet; fold mandlerne; lad køle helt af. God fornøjelse!

Krydret frugtsalat med citrondressing

(Klar på cirka 15 minutter | 4 servere)

Per portion: Kalorier: 223; Fedt: 0,8 g; Kulhydrater: 56,1 g; Protein: 2,4g

ingredienser

Salat:

1/2 pund blandede bær

1/2 pund æbler, udkernede og skåret i tern

8 gram røde druer

2 kiwi, skrællet og skåret i tern

2 store appelsiner, skrællet og skåret i skiver

2 skiver bananer

Citrondressing:

2 spsk frisk citronsaft

1 tsk frisk ingefær, skrællet og finthakket

4 spsk agavesirup

Adresser

Bland alle ingredienserne til salaten, indtil den er godt blandet.

Pisk derefter alle ingredienserne til citrondressingen sammen i en lille skål.

Anret din salat og server den meget kold. God appetit!

Æblecrumble i tysk stil

(Klar på cirka 50 minutter | 8 servere)

Per portion: Kalorier: 376; Fedt: 23,8 g; Kulhydrater: 41,3g; Protein: 3,3 g

ingredienser

4 æbler, udkernede, skrællet og skåret i skiver

1/2 kop brun farin

1 kop universalmel

1/2 kop kokosmel

2 spsk linfrømel

1 tsk bagepulver

1/2 tsk natron

En knivspids havsalt

Et nip friskrevet muskatnød

1/2 tsk stødt kanel

1/2 tsk stødt anis

1/2 tsk ren vaniljeekstrakt

1/2 tsk ren kokosekstrakt

1 kop kokosmælk

1/2 kop blødgjort kokosolie

Adresser

Læg æblerne i bunden af et let smurt ovnfast fad. Drys brun farin over dem.

Bland grundigt mel, hørfrømel, bagepulver, natron, salt, muskatnød, kanel, anis, vanilje og kokosekstrakt i en skål.

Tilsæt kokosmælk og blødgjort olie og bland indtil alt er godt indarbejdet. Fordel toppingblandingen over frugtlaget.

Bag det smuldrede æble ved 350 grader F i cirka 45 minutter eller indtil gyldenbrun. God appetit!

Vanilje- og kanelbudding

(Klar på cirka 25 minutter | 4 servere)

Per portion: Kalorier: 332; Fedt: 4,4 g; Kulhydrater: 64g; Protein: 9,9 g

ingredienser

1 kop basmatiris, skyllet

1 kop vand

3 kopper mandelmælk

12 dadler, udhulet

1 tsk vaniljepasta

1 tsk stødt kanel

Adresser

Tilsæt ris, vand og 1 ½ dl mælk i en gryde. Dæk gryden til og bring blandingen i kog.

Skru ned for varmen til lav; lad det simre i yderligere 10 minutter, indtil al væsken er absorberet.

Tilsæt derefter de resterende ingredienser og rør for at kombinere. Lad det simre i yderligere 10 minutter, eller indtil buddingen er tyknet. God appetit!

chokolade mynte kage

(Klar på ca. 45 minutter | Serverer 16)

Per portion: Kalorier: 167; Fedt: 7,1 g; Kulhydrater: 25,1g; Protein: 1,4 g

ingredienser

1/2 kop vegansk smør

1/2 kop brun farin

2 chiaæg

3/4 kop universalmel

1 tsk bagepulver

en knivspids salt

En knivspids malet nelliker

1 tsk stødt kanel

1 tsk ren vaniljeekstrakt

1/3 kop kokosflager

1 kop veganske chokoladechips

Et par dråber pebermynte æterisk olie

Adresser

Pisk det veganske smør og sukker i en skål til det er luftigt.

Tilsæt chiaæg, mel, bagepulver, salt, nelliker, kanel og vanilje. Pisk for at blande godt.

Tilsæt kokos og bland igen.

Hæld blandingen i en let smurt bradepande; bages ved 350 grader F i 35 til 40 minutter.

Smelt chokoladen i mikroovnen og tilsæt pebermynteolien; rør for at blande godt.

Fordel derefter chokoladeganachen jævnt ud over kagens overflade. God appetit!

gammeldags kager

(Klar på ca. 45 minutter | 12 portioner)

Per portion: Kalorier: 167; Fedt: 8,6 g; Kulhydrater: 19,6 g; Protein: 2,7g

ingredienser

1 kop universalmel

1 tsk bagepulver

en knivspids salt

En knivspids revet muskatnød

1/2 tsk stødt kanel

1/4 tsk stødt kardemomme

1/2 kop jordnøddesmør

2 spsk kokosolie ved stuetemperatur

2 spsk mandelmælk

1/2 kop brun farin

1 tsk vaniljeekstrakt

1 kop veganske chokoladechips

Adresser

I en skål kombineres mel, bagepulver og krydderier.

I en anden skål kombineres jordnøddesmør, kokosolie, mandelmælk, sukker og vanilje. Tilsæt den våde blanding til de tørre ingredienser og rør, indtil det er godt blandet.

Tilsæt chokoladechipsene. Sæt dejen på køl i cirka 30 minutter. Form dejen til små kiks og læg dem på en bageplade beklædt med bagepapir.

Bages i en forvarmet 350 grader F ovn i cirka 11 minutter. Læg dem over på en rist for at køle lidt af inden servering. God appetit!

kokosfløde kage

(Klar på ca. 15 minutter + afkølingstid | 12 portioner)

Per portion: Kalorier: 295; Fedt: 21,1 g; Kulhydrater: 27,1 g; Protein: 3,8 g

ingredienser

Cortex:

2 kopper valnødder

10 friske dadler, udstenede

2 spsk kokosolie ved stuetemperatur

1/4 tsk lyske kardemomme

1/2 tsk stødt kanel

1 tsk vaniljeekstrakt

Fyldning:

2 mellemstore overmodne bananer

2 frosne bananer

1 kop fuld fløde kokos, meget kold

1/3 kop agavesirup

Pynt:

3 gram vegansk mørk chokolade, barberet

Adresser

I foodprocessoren blendes skorpeingredienserne, indtil blandingen kommer sammen; tryk skorpen ind i en let smurt bageplade.

Bland derefter fyldlaget. Hæld fyldet over bunden, og skab en flad overflade med en spatel.

Overfør kagen til fryseren i cirka 3 timer. Opbevares i fryseren.

Pynt med chokoladekrøller lige inden servering. God appetit!

Simpel chokolade karamel

(Klar på cirka 35 minutter | 8 servere)

Per portion: Kalorier: 232; Fedt: 15,5 g; Kulhydrater: 19,6 g; Protein: 3,4 g

ingredienser

10 gram mørk chokolade, delt i stykker

6 spsk varm kokosmælk

1/4 tsk stødt kanel

1/4 tsk stødt anis

1/2 tsk vaniljeekstrakt

1/4 kop kakaopulver, usødet

Adresser

Bland chokolade, varm kokosmælk, kanel, anis og vanilje, indtil det er godt indarbejdet.

Brug en cookie scoop til at dele blandingen i 1-ounce portioner. Rul kuglerne med hænderne og stil dem på køl i mindst 30 minutter.

Dyp chokoladekuglerne i kakaopulveret og stil dem i køleskabet indtil servering. God appetit!

Mors hindbærskovler

(Klar på ca. 50 minutter | 7 portioner)

Per portion: Kalorier: 227; Fedt: 10,6 g; Kulhydrater: 32,1g; Protein: 3,6 g

ingredienser

1 pund friske hindbær

1/2 tsk frisk ingefær, skrællet og finthakket

1/2 tsk limeskal

2 spsk brun farin

1 kop universalmel

1 tsk bagepulver

1/4 tsk havsalt

2 gram agavesirup

1/4 tsk stødt nelliker

1/2 tsk stødt kanel

1/8 tsk frisk revet muskatnød

1/2 kop kokosfløde

1/2 kop kokosmælk

Adresser

Læg hindbærrene i bunden af et let smurt ovnfast fad. Drys ingefær, limeskal og farin over dem.

I en skål blandes mel, bagepulver, salt, agavesirup, stødt nelliker, kanel og muskatnød grundigt.

Tilsæt kokosfløde og mælk og bland indtil det hele er godt indarbejdet. Fordel toppingblandingen over hindbærlaget.

Bag skomageren ved 350 grader F i cirka 45 minutter eller indtil gyldenbrun. God appetit!

Skarp efterårspære

(Klar på cirka 50 minutter | 8 servere)

Per portion: Kalorier: 289; Fedt: 15,4 g; Kulhydrater: 35,5 g; Protein: 4,4 g

ingredienser

- 4 pærer, skrællede, udkernede og skåret i skiver
- 1 spsk frisk citronsaft
- 1/2 tsk stødt kanel
- 1/2 tsk stødt anis
- 1 kop brun farin
- 1 ¼ kopper hurtigkogt havregryn
- 1/2 kop vand
- 1/2 tsk bagepulver
- 1/2 kop smeltet kokosolie
- 1 tsk ren vaniljeekstrakt

Adresser

Start med at forvarme ovnen til 350 grader F.

Læg pærerne i bunden af et let smurt ovnfast fad. Drys citronsaft, kanel, anis og 1/2 kop brun farin over dem.

I en skål blandes hurtigkogende havre, vand, halvdelen af brun farin, bagepulver, kokosolie og vaniljeekstrakt grundigt.

Fordel toppingblandingen over frugtlaget.

Bag dem i en forvarmet ovn i cirka 45 minutter, eller indtil de er gyldenbrune. God appetit!

berømte høstak-kiks

(Klar på cirka 20 minutter | 9 serverer)

Per portion: Kalorier: 332; Fedt: 18,4 g; Kulhydrater: 38,5 g; Protein: 5,1g

ingredienser

1 kop instant havregryn

1/2 kop mandelsmør

2 gram malede mandler

1/4 kop usødet kakaopulver

1/2 tsk vanilje

1/2 tsk stødt kanel

1/2 tsk stødt anis

1/4 kop mandelmælk

3 spsk vegansk smør

1 kop brun farin

Adresser

I en skål kombineres havre, mandelsmør, malede mandler, kakao, vanilje, kanel og anis, indtil det er godt blandet; booking.

I en mellemstor gryde bringes mælk, smør og sukker i kog. Lad det koge i cirka 1 minut, rør ofte.

Hæld mælk/smørblanding over havreblandingen; rør for at blande godt.

Læg teskefulde på en bageplade beklædt med bagepapir og lad dem køle helt af. God fornøjelse!

dobbelt chokolade brownies

(Klar på cirka 25 minutter | 9 serverer)

Per portion: Kalorier: 237; Fedt: 14,4 g; Kulhydrater: 26,5 g; Protein: 2,8 g

ingredienser

1/2 kop vegansk smør, smeltet

2 spsk æblemos

1/2 kop universalmel

1/2 kop mandelmel

1 tsk bagepulver

2/3 kop brun farin

1/2 tsk vaniljeekstrakt

1/3 kop kakaopulver

En knivspids havsalt

Et nip friskrevet muskatnød

1/4 kop chokoladechips

Adresser

Start med at forvarme ovnen til 350 grader F.

Pisk smør og æblemos i en skål, indtil det er godt blandet. Tilsæt derefter de resterende ingredienser, mens du pisk konstant for at blande godt.

Hæld dejen i et let smurt ovnfast fad. Bag i den forvarmede ovn i cirka 25 minutter, eller indtil en tester, der er sat ind i midten, kommer ren ud.

God appetit!

Sprøde havregrynsvalnøddegodbidder

(Klar på cirka 25 minutter | 10 serveringer)

Per portion: Kalorier: 375; Fedt: 16,3 g; Kulhydrater: 56g; Protein: 4,7 g

ingredienser

- 1 kop universalmel
- 2 ½ kopper instant havregryn
- 1 tsk bagepulver
- En knivspids groft salt
- 1 kop brun farin
- 1/2 kop kokosolie ved stuetemperatur
- 4 spsk agavesirup
- 1 tsk vaniljeekstrakt
- 1/4 tsk stødt kanel
- 1/4 tsk stødt anis

1/4 tsk stødt nelliker

2 spsk æblemos

1/2 kop valnødder, hakket

Adresser

I en skål blandes mel, havre, natron og salt grundigt.

Pisk derefter sukkeret med kokosolie og agavesirup. Tilsæt krydderier og æblemos. Tilsæt den våde blanding til de tørre ingredienser.

Tilsæt nødderne og rør sammen. Fordel dejen på en bageplade beklædt med bagepapir.

Bag kagen ved 350 grader F i cirka 25 minutter, eller indtil midten er indstillet. Lad det køle af og skær det i stænger. God appetit!

Mors hindbær cheesecake

(Klar på ca. 15 minutter + afkølingstid | 9 servere)

Per portion: Kalorier: 355; Fedt: 29,1 g; Kulhydrater: 20,1g; Protein: 6,6 g

ingredienser

Cortex:

1 kop mandelmel

1/2 kop macadamianødder

1 kop tørret tørret kokosnød

1/2 tsk kanel

1/4 tsk revet muskatnød

Tilføjelse:

1 kop rå cashewnødder, udblødt natten over og drænet

1 kop rå solsikkekerner, udblødt natten over og drænet

1/4 kop kokosolie, ved stuetemperatur

1/2 kop ren agavesirup

1/2 kop frysetørrede hindbær

Adresser

I foodprocessoren blendes skorpeingredienserne, indtil blandingen kommer sammen; Tryk skorpen i en let smurt springform.

Bland derefter ingredienserne til toppingen sammen, indtil de er cremede og glatte. Hæld toppingblandingen over bunden.

Sæt cheesecaken i fryseren i cirka 3 timer. Pynt med nogle hindbær og ekstra kokosflager. God appetit!

Chokoladeglaserede kiks

(Klar på cirka 45 minutter | Serverer 14)

Per portion: Kalorier: 177; Fedt: 12,6 g; Kulhydrater: 16,2g; Protein: 1,7 g

ingredienser

1/2 kop universalmel

1/2 kop mandelmel

1 tsk bagepulver

En knivspids havsalt

En knivspids revet muskatnød

1/4 tsk stødt nelliker

1/2 kop kakaopulver

1/2 kop cashew smør

2 spsk mandelmælk

1 kop brun farin

1 tsk vaniljepasta

4 gram vegansk chokolade

1 ounce kokosolie

Adresser

I en skål kombineres mel, bagepulver, salt, muskatnød, nelliker og kakaopulver.

I en anden skål kombineres cashewsmør, mandelmælk, sukker og vaniljekornspasta. Tilsæt den våde blanding til de tørre ingredienser og rør, indtil det er godt blandet.

Sæt dejen på køl i cirka 30 minutter. Form dejen til små kiks og læg dem på en bageplade beklædt med bagepapir.

Bages i en forvarmet 330 grader F ovn i cirka 10 minutter. Overfør gryden til en rist for at køle lidt af.

Mikrobølge chokolade indtil smeltet; bland den smeltede chokolade med kokosolie. Fordel glasuren over kiksene og lad dem køle helt af. God appetit!

karamel brød budding

(Klar på ca. 2 timer | 5 portioner)

Per portion: Kalorier: 386; Fedt: 7,3 g; Kulhydrater: 69,3g; Protein: 10,8g

ingredienser

12 gram gammelt brød, skåret i tern

3 kopper mandelmælk

1/2 kop agavesirup

1/4 tsk groft salt

1/4 tsk frisk revet muskatnød

1 tsk ren vaniljeekstrakt

1/2 tsk stødt kanel

1 kop hakkede mandler

1 kop karamelsauce

Adresser

Læg brødterningerne i et let olieret ovnfast fad.

Bland nu mælk, agavesirup, groft salt, friskrevet muskatnød, vaniljeekstrakt og kanel til det er cremet og glat.

Hæld blandingen over brødterningerne, pres dem med en bred spatel, så de er godt gennemblødte; tilsæt mandlerne og lad det stå i cirka 1 time.

Bages i en forvarmet 350 grader F ovn i cirka 1 time eller indtil toppen af din budding er gyldenbrun.

Hæld karamelsaucen over brødbuddingen og server ved stuetemperatur. God appetit!

De bedste granolabarer nogensinde

(Klar på cirka 25 minutter | 16 serveringer)

Per portion: Kalorier: 227; Fedt: 12,8 g; Kulhydrater: 25,5g; Protein: 3,7 g

ingredienser

1 kop vegansk smør

1 kop havreflager

1 kop universalmel

1 kop havregryn

1 tsk bagepulver

En knivspids groft havsalt

Et nip friskrevet muskatnød

1/4 tsk stødt nelliker

1/4 tsk stødt kardemomme

1/4 tsk stødt kanel

1 dynger kop pakkede dadler, udhulet

4 gram hindbærsyltetøj

Adresser

Start med at forvarme ovnen til 350 grader F.

Bland de tørre ingredienser godt sammen i en skål. Bland de våde ingredienser i en anden skål.

Rør derefter den våde blanding i de tørre ingredienser; bland for at blande godt.

Fordel dejblandingen på en bageplade beklædt med bagepapir. Bages i en forvarmet ovn i cirka 20 minutter.

Lad det køle af på en rist, og skær derefter i stænger. God appetit!

Gammeldags Fudge Penuche

(Klar på cirka 15 minutter | Serverer 12)

Per portion: Kalorier: 156; Fedt: 11,1 g; Kulhydrater: 13,6 g; Protein: 1,5 g

ingredienser

4 gram vegansk mørk chokolade

1/2 kop mandelmælk

1 kop brun farin

1/4 kop kokosolie, blødgjort

1/2 kop hakkede valnødder

1/4 tsk stødt nelliker

1/2 tsk stødt kanel

Adresser

Mikroovn chokoladen indtil den er smeltet.

Varm mælken op i en gryde og tilsæt den varme mælk til den smeltede chokolade.

Tilsæt de resterende ingredienser og bland godt.

Hæld blandingen i en godt smurt gryde og sæt den på køl til den stivner. God appetit

(Klar på ca. 10 minutter + afkølingstid | 12 portioner)

Per portion: Kalorier: 235; Fedt: 17,8 g; Kulhydrater: 17,5 g; Protein: 4,6 g

ingredienser

1 kop malede mandler

1 ½ kop dadler, udstenede

1½ kop vegansk flødeost

1/4 kop kokosolie, blødgjort

1/2 kop friske eller frosne blåbær

Adresser

Blend mandler og 1 kop dadler i foodprocessor, indtil blandingen kommer sammen; tryk skorpen i en let smurt muffinform.

Bland derefter de resterende 1/2 kop dadler med den veganske ost, kokosolie og tranebær indtil cremet og glat. Hæld toppingblandingen over bunden.

Sæt disse mini cheesecakes i fryseren i cirka 3 timer. God appetit!

klassiske fattige riddere

(Klar på ca. 20 minutter | 2 portioner)

Per portion: Kalorier: 233; Fedt: 6,5 g; Kulhydrater: 35,5 g; Protein: 8,2g

ingredienser

1 spsk stødt hørfrø

1 kop kokosmælk

1/2 tsk vaniljepasta

En knivspids havsalt

En knivspids revet muskatnød

1/2 tsk stødt kanel

1/4 tsk stødt nelliker

1 spsk agavesirup

4 skiver brød

Adresser

I en skål blandes hørfrø, kokosmælk, vanilje, salt, muskatnød, kanel, nelliker og agavesirup grundigt.

Dryp hver brødskive i mælkeblandingen, indtil den er godt dækket på alle sider.

Forvarm en elektrisk bageplade over medium varme og smør let med nonstick-spray.

Steg hver skive brød på en forvarmet bageplade i cirka 3 minutter på hver side, indtil de er gyldenbrune.

God appetit!

Stegt brød med jordnøddesmør og gelé

(Klar på ca. 20 minutter | 3 portioner)

Per portion: Kalorier: 293; Fedt: 7,8 g; Kulhydrater: 50,3g; Protein: 5,5 g

ingredienser

1 kop universalmel

1/2 tsk bagepulver

1/2 tsk havsalt

1 tsk kokossukker

1/2 kop varmt vand

3 tsk olivenolie

3 spsk jordnøddesmør

3 spsk hindbærsyltetøj

Adresser

Bland mel, bagepulver, salt og sukker godt sammen. Tilsæt gradvist vandet, indtil dejen er samlet.

Del dejen i tre kugler; flad hver kugle for at lave cirkler.

Varm 1 tsk olivenolie i en gryde ved moderat varme. Bag det første brød i cirka 9 minutter, eller indtil det er gyldenbrunt. Gentag med resterende olie og dej.

Server det stegte brød med jordnøddesmør og hindbærsyltetøj. God fornøjelse!

www.ingramcontent.com/pod-product-compliance
Lightning Source LLC
LaVergne TN
LVHW021708060526
838200LV00050B/2554